Como medir una Relación:

Un Enfoque Práctico para

Intervenciones Diádicas

Por

Barbara Stroud

Traducido por

Wendy Lopez

Dedicación

Este libro está dedicado a mi increíble hija, Kimbal. Todos los días ella me enseña algo nuevo sobre el milagro del desarrollo. Los niños pueden enseñarnos muchísimo, si tan solo observamos y escuchamos.

Reconocimiento

Este libro no habría sido posible sin el apoyo, la orientación y el cariño de algunas personas muy importantes:

Elizabeth Bassel

Anaite Caceres

Kim-Lan Dovan

Myisha Driver

Karlee Kirkpatrik

Lisette Rivera

Tabla de Contenidos

Introducción

Durante los últimos veinte años, he estado trabajando en programas de salud mental de la comunidad subsidiados por fondos públicos. Dentro de estos sistemas, he desarrollado programas para niños de cero a cinco años de edad y sus familias, he proveído capacitaciones continuas para apoyar a más de cinco mil profesionales, y he ofrecido la guianza de supervisión reflexiva para terapeutas. La lucha continua que he observado experimentando a profesionales es la traducción de un modelo de servicio basado en las relaciones partiendo de una estructura de documentación con base en el "paciente identificado" que se encuentra en los programas que reciben fondos públicos. He llegado a reconocer la necesidad de escribir un libro diseñado específicamente para apoyar a los profesionales de salud mental, que utilizan fondos públicos, con el conocimiento, habilidades, y estrategias para hacer frente a este dilema en curso. ¿Cómo puede uno abordar una intervención basada en la relación que apoyará el funcionamiento individual y los resultados de salud mental del niño y el proveedor de cuidado dentro del contexto de un modelo de prestación de servicios individuales? Mi objetivo es responder a esta pregunta.

Ofrezco aquí un punto importante de precaución : Este libro no pretende sustituir entrenamientos de alta calidad, supervisión reflexiva continua, la participación en grupos de estudio continuo , u otras actividades de desarrollo profesional enfocadas en construir un conjunto de habilidades fuertes en el conocimiento fundamental necesario para apoyar a la población clínica de niños de Cero a Cinco años de edad. Los profesionales comprometidos con obtener experiencias profesionales en el campo de la salud mental infantil deben consultar con la oficina del estado donde residen sobre capacitaciones en salud mental infantil. Por ejemplo, en el Estado de California, el Centro Infantil- Familiar para la Salud Mental de la Niñez Temprana (http://cacenter-ecmh.org/) ofrece apoyo para profesionales calificados en salud mental para "niños-familia y niñez temprana," y también guías de formación para profesionales interesados en un mayor conocimiento dentro de este campo. El contenido de este libro solo será promovido por el continuo entrenamiento en el campo de la salud mental infantil. Los dominios de formación necesarios incluyen el desarrollo del cerebro y los factores biológicos en el desarrollo, los hitos típicos del desarrollo dentro de la población de niños de Cero a Cinco años, las dinámicas familiares, los modelos de intervención basados en las relaciones, la evaluación y el diagnóstico, la teoría del apego, y las influencias sobre la crianza de los hijos (http://cacenter-ecmh.org/professional-development/training-guidelines-and-personnel-competencies). Esta lista no es de ninguna manera exhaustiva. Al igual que en el libro entero, la intención es que sea parte de un proceso de aprendizaje más grande y un escalón hacia la construcción de habilidades empleadas para apoyar una fuerza laboral activa.

¿Cuáles son las metas o resultados que esperamos para este libro? La meta principal de este libro es apoyar a la fuerza laboral de profesionales quienes se inician en proveer servicios de salud mental a la población de niños/niñas de cero a cinco años de edad. La autora busca alcanzar los siguientes resultados:

1. Los profesionales aumentarán su conocimiento sobre la definición de necesidad médica en niños/niñas de Cero a Cinco años, así como lo que constituye una mejora en la descripción de necesidad médica para fines de documentación.

2. Los profesionales serán capaces de traducir las conductas observables en síntomas mensurables y utilizar estos síntomas para crear metas específicas de tratamiento.

3. Los profesionales podrán utilizar los síntomas observados para crear intervenciones incrustadas en un desarrollo y entendimiento de los síntomas desde una perspectiva que considere los factores de estrés ambientales y las cuestiones de diversidad.

4. Los practicantes podrán utilizar los síntomas observados para crear intervenciones diseñadas para mejorar el funcionamiento en general en la relación dual y así obtener mejores resultados en general para el niño/niña.

5. Los practicantes desarrollarán sus habilidades en crear metas las cuales se enfocan en la causa subyacente de un problema de conducta.

Como Utilizar Este Manual

Este libro está diseñado para apoyar al profesional nuevo en el campo de trabajo con pacientes de cero a cinco años de edad. La meta es preparar a los profesionales con las habilidades necesarias para documentar con precisión las observaciones clínicas e importantes desde una perspectiva de desarrollo y para definir metas basadas en las relaciones y las intervenciones que apoyan el éxito social-emocional y el bienestar mental general en los niños y sus proveedores de cuidado.

Primero, veremos los síntomas y construiremos un entendimiento más profundo de estos comportamientos observados como una ventana a la relación dinámica entre el proveedor de cuidado y el niño. Como es siempre el caso en el trabajo con bebés y niños pequeños, todo el comportamiento observado y las interacciones diádicas necesitan ser interpretadas desde una perspectiva del desarrollo. A medida que avanzamos a través del libro, el autor proporcionará metas sugeridas para abordar tales comportamientos/síntomas desde una perspectiva diádica y un entendimiento de las prioridades de desarrollo del niño. Por último, se ofrecerán intervenciones de muestra que no solo abordan los síntomas actuales, pero también conectan la reducción de síntomas al desarrollo o a la causa de los problemas de comportamiento basados en la relación. Este libro está diseñado para apoyar, no reemplazar, las buenas habilidades clínicas y añadir el conocimiento emergente de profesionales nuevos a la experiencia clínica con niños de 0-5 años de edad.

Revisión de la Necesidad Médica

Para proporcionar intervenciones de salud mental para las familias es necesario demonstrar necesidad médica para recudir fondos del programa de Medicaid. La necesidad médica explica las alteraciones o nivel de deterioro en el funcionamiento de un adulto o niño. Sin embrago, la pregunta para nuestros propósitos seria: ¿Cómo se manifiesta este nivel de deterioro en los niños de cero a cinco años edad?

Es conocido que nuestros programas de capacitación clínica están muy influenciados por los modelos de patología y psicoterapia encontrados en adultos. De hecho, se estima que el campo de la salud mental con niños ha estado presente cerca de ochenta y cinco años, con inicio en los años 1900 con los escritores Melanie Klein (Klein, 1932) y Anna Freud (Freud, 1946). Se estima aproximadamente treinta y siete años en el campo de salud mental infantil. El comienzo del campo en la salud mental infantil se atribuye a la publicación en 1975 del autor Fraiberg, Ghosts in the Nursery: A Psychoanalytic Approach to the Problems of Impaired Infant-Mother Relationships (Fantasmas en el Cuarto del Bebe: Una Visión Psicoanalítica a los Problemas de Deterioro en la Relación Madre-Hijo.

Los parámetros para identificar las necesidades médicas son derivadas en las tradiciones originales de Klein y Freud, así es como existe un paralelo en las teorías de los adultos cuando fueron creadas las teorías para los niños. La necesidad médica de un adulto puede ser definida como la incapacidad para gestionar las funciones diarias, incluyendo la interacción exitosa con el medio ambiente y las redes sociales (tales como ir a trabajar, tener relaciones familiares positivas, mantener una higiene adecuada y el cuidado personal). En los niños, los terapeutas suelen mirar hacia el éxito académico y social en la escuela y las relaciones positivas con sus compañeros y sus familiares como evidencia del éxito funcional.

Manteniéndolo Sencillo:

Definición de Necesidad Médica:

La intervención médica puede ser explicada come una falla o interrupción en las interacciones interpersonales o actividades de la vida diaria. Es decir, un individuo es incapaz de funcionar adecuadamente en sus relaciones, de una manera social y culturalmente aceptables en su comunidad.

Para añadir a este conocimiento que los individuos desempeñan un papel interactivo en su entorno explicando así como la capacidad funcional de una persona es influenciada por las relaciones interpersonales (que a su vez se ven afectada por procesos intrapersonales). Como resultado, la calidad de las relaciones de una persona (con cuidadores, compañeros, o profesionales) puede llevar a resultados óptimos y exitosos o inferiores.

Las Tareas Psicológicas de la Infancia

En el campo de la salud mental infantil, a menudo se utiliza la participación de individuos de todos niveles   (Lilas & Turnbull, 2009) y se trata de tejer los resultados óptimos en el desarrollo con aspectos social-emocionales saludables para fortalecer a un niño. Por lo tanto, en lugar de adoptar un enfoque del modelo para adultos, pero reducido a una escala menor, se comienza con el desarrollo que todos los niños necesitan para tener éxito en las interacciones interpersonales y en la vida. Desde esta perspectiva, podemos responder a la pregunta: ¿Cuáles son las tareas psicológicas o habilidades requeridas para que los pequeños puedan lograr el éxito en el desarrollo social-emocional? Las tareas psicológicas de los infantes y niños en edad preescolar se enumeran aquí:

1. Desarrollar un fuerte enlace emocional, de apego seguro.

2. Aprender a modular la información sensorial externa

3. Aprender a manejar sus estados afectivos internos

4. Comunicarse con eficacia y satisfacer sus necesidades

5. Adaptarse eficazmente a un mundo con cambio

Estas tareas psicológicas son obligatorias y necesarias para tener éxito en el desarrollo social-emocional (es decir, el bienestar mental). Ya que los modelos de adaptación seguirán creciendo en la salud mental publica, los profesionales deben estar bien informados en cuanto a las habilidades que los niños muy pequeños necesitan dominar para tener éxito en la vida. Una habilidad, es construir un enlace emocional sólido, es un factor importante de protección para los niños (Werner y Smith, 1992). Los niños pequeños están biológicamente obligados a participar en conductas de apego para crear el nexo emocional para que sus cuidadores "se enamoren" perdidamente de ellos y los protejan de peligros (Bowlby, 1958, 1980). Los niños que se sienten fuertemente conectados a una figura adulta pueden recuperarse de situaciones angustiosas o de estrés con más rapidez y éxito que los niños que no tienen este tipo de relación (Alink, Cicchetti, Kim y Rogosch, 2009; Schore, 2001). Un fuerte vínculo tiene también un impacto positivo en el autoestima del niño y el valor que este se da a sí mismo. Las relaciones que los niños tienen con sus cuidadores representan el modelo principal en el interior del niño para crear un sistema de unión en las relaciones futuras (Ainsworth, 1979).

Algo significativo que ocurre en los primeros meses de vida es el desarrollo de la capacidad del bebe para modular la información sensorial, mantener la calma y estado de alerta ante estímulos externos y nuevos, muchos veces también preocupantes. Los recién nacidos se enfrentan a un ataque constante de nueva información sensorial externa (por ejemplo, las luces brillantes, ruidos fuertes, y el contraste de temperatura al entrar en y salir de las bañera). Todas estas experiencias sensoriales deben ser integradas y organizadas por el cerebro del infante a medida que crece y pasa el tiempo. En situaciones optimas, los niños se acostumbran a la información sensorial nueva y se expande su estado de estar en alerta para poder procesar y aprender de lo que ocurre en su alrededor (Brazelton, 1992). Hay múltiples factores que apoyan esta habilidad, incluyendo una constitución fuerte neurológica, respuestas consistentes de los padres, y la ausencia de anormalidades significativas en cuanto a la integración sensorial en el niño. Sin la capacidad de acostumbrarse a nueva información sensorial, los niños y los adultos vivirían continuamente distraídos y afligidos por la información que continuamente está presente en su alrededor (por ejemplo, el sonido de una sirena, el ruido en el suelo iniciada por un gran camión, o el deslumbramiento de la luz del sol través del cristal). Los adultos y niños aprenden con el tiempo a adaptarse a nuevas experiencias sensoriales sin problema. Esto permite que el niño ponga atención y cautive la atención de otros para construir relaciones (uno no puede enfocarse o comunicarse con otros si la información sensorial en el entorno lo abruma y disgusta). El aprender a modular las experiencias sensoriales es un aspecto importante de la auto-regulación. La capacidad de regulación puede definirse como la habilidad para organizar e integrar la entrada de información interna y externa de una manera que le permite al niño estar emocionalmente presente, listo para aprender y participar socialmente. Por lo tanto, la capacidad de modular información sensorial apoya y crea las habilidades necesarias para trabajar, jugar y ser productivo.

La capacidad de controlar y modular los estados afectivos internos es una actividad temprana de la niñez. (Si, los bebes tienen sentimientos.) ¿Qué no dice la literatura de investigación acerca de cómo los bebes aprenden a identificar, comprender y expresar sentimientos? La habilidad de los niños para modular y comprender los estados afectivos comienza en las primeras relaciones con los proveedores de cuidado (Fonagy, Gergely, Jurist, & Target, 2004; Gergely y Watson, 1996). Al participar en las actividades de crianza, los proveedores de cuidado están dando forma a la comprensión del niño en cuanto a sus experiencias emocionales. Los niños pequeños aprenden a comprender las emociones basadas en el modelo que demuestran sus cuidadores. Los niños también aprenden a modular sus emociones al ver como sus cuidadores narran o explican sus afectivos, así como los estados afectivos del niño. Para buen ejemplo de ello, una madre podría afirmar, "Mi pequeña Jessica, te ves tan feliz, mira esta sonrisa y estas riéndote y hablando con mamá. Me encanta cuando podemos compartir tiempos felices juntas." O en otra situación, "David, mamá se siente muy frustrada después de todo ese tráfico, pero estoy haciendo mi mejor esfuerzo para darte tu cena porque veo que tienes mucha hambre." Por último, sabemos que las experiencias tempranas en las relaciones cariñosas y adecuadas con los cuidadores tienen un impacto importante en la formación de las sub regiones en el cerebro que tienen que ver con las respuestas automáticas del sistema nervioso (Perry, 2001; Schore, 1994, Siegel, 1999). Esta región del cerebro es responsable de como una persona, niño o adulto, responde ante el estrés. Así mismo, sabemos que las formas de responder ante el estrés se forman en base a las interacciones con los cuidadores (Hane & Fox, 2006). Los modelos de modular y expresar los sentimientos que los cuidadores proporcionan a los niños en los primeros años de edad son a menudo la base o modelo que el niño usa para la regulación del afecto o emociones (Schore, 2001).

La comunicación efectiva es una habilidad funcional necesaria requerida durante toda la vida. Sin embrago, muchos profesionales pueden no ser plenamente conscientes de las señales sutiles, no verbales, y en curso los niños demuestran a los cuidadores con el fin de comunicar sus necesidades. Los bebes que han respondido a sus necesidades de manera oportuna y precisa comienzan a entender que pueden influir en los demás y su mundo de una manera que apoya el desarrollo necesario. Sin embargo, los bebes que no tienen sus necesidades atendidas de manera oportuna o exacta pueden internalizar las expectativas de que el mundo es impredecible, que los cuidadores no pueden satisfacer sus necesidades, o que (como individuos) no tienen poder sobre sus experiencias. Es común que los profesionales de la salud mental para ver a los niños que se perdieron esta capacidad de respuesta pronto para intercalar pistas, y en su lugar utilizar métodos drásticos, violentos o socialmente inapropiados para buscar respuestas de capacidad de un adulto, porque las actividades más sutiles han demostrado ser ineficaces. Profesionales de la salud mental también pueden ver la respuesta funcional opuesta en bebes o niños pequeños que se cierran, desconectados, o no animados. Estos niños a menudo pierden la intervención ya que son vistos como "fáciles" y no crean interrupciones en sus entornos (cuidado de niños, pre-escolar, o en el hogar).

Una habilidad importante del desarrollo que ocurre en los primeros años de infancia y que es necesaria durante toda la vida es la capacidad de adaptarse a los cambios o gestionar con éxito las transiciones en la vida. Tenga en cuenta la multitud de cambios que experimenta un bebé o niño pequeño en un solo día: de dormir a despertar, de mojado a seco a húmedo, del hogar al coche, de casa al proveedor de cuidado de niños, y así sucesivamente. Se espera que el niño permanezca autorregulado o emocionalmente organizado y disponible para cautivar y mantener su atención en otras personas durante estas transiciones. Los elementos que apoya el éxito al experimentar cambios son:

1. Una relación segura y sólida con adultos
2. Un cuidador constante y cariñoso durante la crianza
3. Respuestas sensibles de parte de los cuidadores
4. Una narración del mundo emocional del bebé y el cuidador

Los niños pequeños atendidos en el sistema de salud mental pueden haber carecido de la atención sensible y receptiva de sus cuidadores y pueden provenir de ambientes caóticos o inestables emocionalmente. Estos niños pueden percibir las transiciones como momentos de angustia. Los cuidadores que son "lo suficientemente buenos" trabajan con sus hijos para ayudarlos a moverse con éxito en este mundo de constante cambio (Thomas y Chess, 1977). Por otro lado, los cuidadores sobrecargados o que fácilmente se abruman por las múltiples demandas de la vida diaria, necesitaran la ayuda de un profesional sensible para acumular sus recursos internos y así poder actuar como los objetos necesarios de apoyo, cariño, fuerza que los niños necesitan para adaptarse con éxito a las transiciones.

Las tareas psicológicos de la infancia

- o para desarrollar un fuerte vínculo de apego seguro

- o aprender a modular la información sensorial externa

- o aprender a manejar sus estados afectivos internos

- o para comunicarse con eficacia y obtener satisfacción de sus necesidades

- o para adaptarse con eficacia a su mundo cambiante

Las tareas mencionadas se desarrollarán de forma natural en un niño con el apoyo de un cuidador emocionalmente disponible.

Para apoyar el desarrollo psicológico del niño el padre debe demostrar las siguientes tareas:

- o una relación de apego seguro

- o consistente y crianza

- o respuestas sensibles del cuidador

- o narración del mundo emocional del infante

Los Síntomas de Preocupación-¿Cuándo los Problemas del Comportamiento se Convierten Síntomas Clínicos?

Desde el punto de vista de los profesionales que trabajan con la comunidad de niños de cero a cinco años de edad, los síntomas o comportamientos problemáticos en los niños pequeños se consideran una señal de aflicción en la relación entre los cuidadores y el niño. No se puede separar el desarrollo social-emocional de un niño de las condiciones interpersonales y ambientales en la pareja cuidador-niño (Kochanska, Philibert, y Barry, 2009). Para entender los síntomas y planear intervenciones, los profesionales deben ver más allá de la conducta problemática inicial y mirar hacia la causa de este comportamiento, sea esta en el desarrollo o la relación cuidador-hijo. Esta necesidad de profundizar y llegar a la raíz del problema ayudara al profesional en el desarrollo de metas e intervenciones. Las conductas que son comúnmente problemáticas se convierten en síntomas cuando el deterioro funcional es evidente. Los profesionales necesitan considerar estas conductas mediante las preguntas que figuran en la rúbrica casual:

1. ¿Es este comportamiento el resultado de un retraso en el desarrollo o limitación constitucional en el niño?

2. ¿Son estos comportamientos el resultado de una dinámica menos que óptima en la relación, y sirven como los mejores esfuerzos del niño en este sistema para obtener sus necesidades?

3. ¿Es este comportamiento el resultado de estrés intenso en el sistema o un trauma severo?

4. ¿Han llegado los comportamientos problemáticos actuales a un nivel grave de trastorno o angustia, de tal manera que el deterioro en el funcionamiento del niño es evidente?

RUBICA CAUSAL

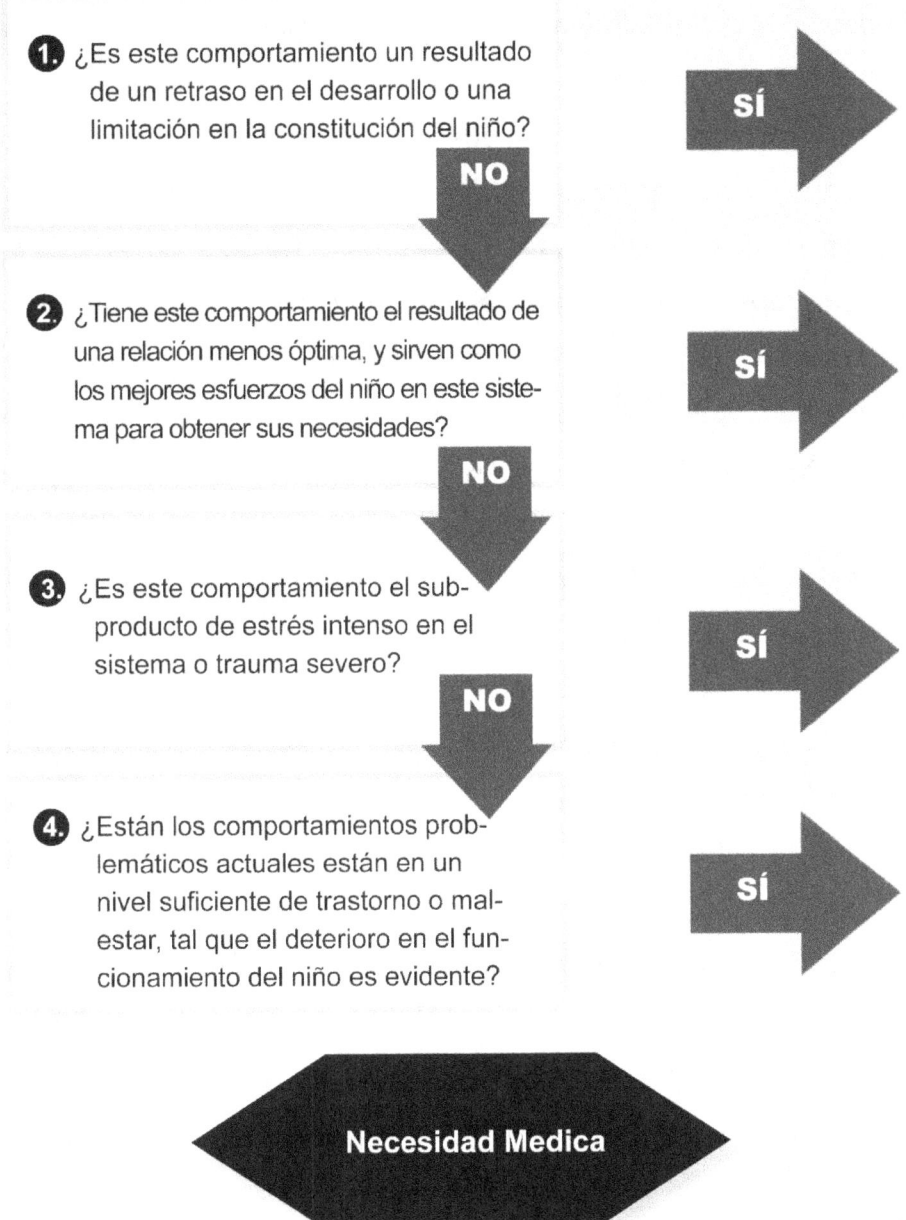

1. ¿Es este comportamiento un resultado de un retraso en el desarrollo o una limitación en la constitución del niño?

SÍ

NO

2. ¿Tiene este comportamiento el resultado de una relación menos óptima, y sirven como los mejores esfuerzos del niño en este sistema para obtener sus necesidades?

SÍ

NO

3. ¿Es este comportamiento el sub-producto de estrés intenso en el sistema o trauma severo?

SÍ

NO

4. ¿Están los comportamientos problemáticos actuales están en un nivel suficiente de trastorno o malestar, tal que el deterioro en el funcionamiento del niño es evidente?

SÍ

Necesidad Medica

© Stroud 2016

Una advertencia práctica para los profesionales es que deben estar conscientes de que las cuatro preguntas en la rúbrica causal no se excluyen mutuamente. Por ejemplo, un niño puede tener tanto retraso en el desarrollo (problema de habla y lenguaje) y ser expuesto a un trauma (muerte de uno de los padres). Mientras que uno o más hechos fundamentales pueden afectar el comportamiento problemático que se observó, lo importante para los profesionales es de hacer estas preguntas. Algunos lectores pueden estar familiarizados con otros sistemas de diagnósticos que comienzan por descartar un trauma. Como profesionales, estamos conscientes de que el trauma puede afectar el progreso del desarrollo y el proceso de formación de las relaciones. Este autor ha decidido empezar desde el estado interno del niño y avanzar hacia el exterior considerando la influencia de las relaciones y los factores ambientales. Esta perspectiva considera un enfoque que comienza de adentro y después busca tomar en cuenta los eventos externos. Por lo tanto, es por diseño que este enfoque existe en paralelo al trabajo basado en las fortalezas que es el centro del campo de la salud mental infantil. Se anima a todos los lectores a comenzar su rúbrica causal anotando las fortalezas y vulnerabilidades actuales del niño, su edad de desarrollo y sus capacidades funcionales. Comience por preguntar: ¿Cuáles son las capacidades de desarrollo de este niño, en este momento, tomando en cuenta la influencia de sus relaciones actuales y sus condiciones ambientales? Al hacer esta pregunta, creamos un enfoque en los factores que influyen el aprendizaje emocional. Las respuestas a las preguntas en la rúbrica ayudaran a los profesionales a crear objetivos o intervenciones para el tratamiento.

Ahora vamos a dar un ejemplo para poner en práctica nuestra rubrica informal. Teniendo en cuenta el comportamiento del llanto excesivo en un niño de diecisiete meses de edad, el profesional puede desarrollar las preguntas en la rubricas causales de esta manera:

1. ¿Es este comportamiento el resultado de un retraso en el desarrollo o las limitaciones constitucionales en el niño?
   a. ¿Han sido descartadas las causas fisiológicas para el dolor o malestar intenso que siente el niño?
   b. ¿Tiene el niño aversiones sensoriales significativas?
   c. ¿Está el niño avanzando adecuadamente en todas las áreas de desarrollo general (motricidad, lenguaje, autoayuda, y social-emocional)?

2. ¿Es este comportamiento el resultado de una dinámica, menos optima en la relación y sirve como el mejor esfuerzo del niño en este sistema para satisfacer sus necesidades?
   a. ¿Responde el cuidador con sensibilidad y en sintonía a las señales de comunicación del niño?
   b. ¿Está el cuidador emocionalmente calmado y es capaz de apoyar el desarrollo de la autorregulación en el niño?
   c. ¿Cuál es la calidad de la relación del cuidador y niño, según la evaluación de la Axis II en el libro ZERO TO THREE-DC: 0-3R (2005) ---- por ejemplo, sobre involucrados, menos involucrados, ansioso/tenso, enojado/hostil?

3. ¿Es este comportamiento el resultado o producto de estrés intenso en el sistema o es un trauma severo?

   a. ¿Qué condiciones ambientales pueden contribuir al estrés en la relación?

   b. ¿Cuál es la capacidad del cuidador para co-regular al niño al enfrentar una condición estresante?

   c. ¿Experimenta este sistema familiar estrés continuo, sin disminución en intensidad y por lo tanto alcanza el nivel de trauma?

4. ¿Han llegado las conductas problemáticas actuales a un nivel grave de trastorno o malestar, tal que el deterioro en el funcionamiento del niño son evidentes?

   a. ¿De qué manera se observa que el comportamiento problemático tiene un impacto negativo en el desarrollo del niño, su función global, y el éxito en su conducta social y emocional?

RUBICA CAUSAL - EJEMPLO: LLANTO EXCESSIVO

1. ¿Es este comportamiento un resultado de un retraso en el desarrollo o una limitación en la constitución del niño?

NO →

2. ¿Tiene este comportamiento el resultado de una relación menos óptima, y sirven como los mejores esfuerzos del niño en este sistema para obtener sus necesidades?

NO →

3. ¿Es este comportamiento el subproducto de estrés intenso en el sistema o trauma severo?

NO →

4. ¿Están los comportamientos problemáticos actúales en un nivel suficiente de trastornó o malestar, tal que deterioro en el funcionamiento del niño es evidente?

SÍ ↑

- ¿Han sido descartados factores fisiológicos?
- ¿Tiene el niño aversiones sensoriales que son significantes?
- ¿El niño muestra estar en la trayectoria en las áreas del desarrollo usual, como- movimientos, lenguaje, autoayuda, y socio-

SÍ ↑

- ¿El cuidador demuestra respuestas sensibles y en sintonía con las señales del niño?
- ¿Esta el cuidador emocionalmente regulado y es capaz de sostener la autoregulacion del niño?
- ¿Cuales la calidad de la relación de la pareja según la evaluación del Eje II DC: 0-3R?

SÍ ↑

- ¿Cuál condiciones ambientales que pueden contribuir al estres de la relación?
- ¿Cuál son las capacidades del cuidador para co-regular al niño en la cara de una condición estresante?
- ¿Este sistema familiar experimenta estres, continuo que no disminuye y por lo tanto alcanza el nivel de trauma?the level of trauma?

SÍ ↑

¿De que manera tu observas el comportamiento problemático como uno que esta impactando negativamente el éxito del desarrollo de la función general, y la socio-emocional del niño?

© Stroud 2013

Definición de la Causa Subyacente de los Síntomas

La lista de síntomas está diseñada para ayudar al profesional nuevo en el trabajo con niños de Cero a Cinco años de edad a entender la manera en que los niños pueden expresar angustia o aflicción. La lista se clasifica por síntomas o comportamiento y luego se subdivide según la edad. Recuerde que los cuidadores buscan la ayuda de los profesionales para discutir comportamientos de preocupación. Los profesionales determinan si en efecto existe un síntoma cuando hay un deterioro funcional como resultado del comportamiento.

De manera simple:

La definición de un síntoma problemático

Los síntomas son simplemente comportamientos que podemos observar y medir. Estos comportamientos son difíciles de manejar para el cuidador, el niño o ambos. Por lo tanto, estos comportamientos pueden influir negativamente en el desarrollo.

---

0 a 2	3 a 5
Comportamiento Disruptivo	
• Berrinche • Llantos • Golpearse La Cabeza • Embarrar Excrementó	• Berrinche • Agresión hacia los demás • Quebrar los juguetes • Decir lenguaje grosero
La desregulación emocional o ánimo inestable (demasiado afecto, muy poco afecto, o afecto fuera de control)	
Demasiado Regulado • Berrinche • Llantos • Golpearse La Cabeza • Embarrar Excrementó **Poco Regulado** • Contacto visual es limitado o no hay contacto visual • No busca apoyo de cuidador • No señala cuando hay angustia • Dormir demasiado	**Demasiado Regulado** • La intensidad del afecto es mayor de lo que los padres pueden manejar• Agresión hacia los demás • Rabia intensa, quebrar objetos • Lastimar a otros o hacia si mismos **Poco Regulado** • Poco interés en juegos sociables con compañeros • Dormir demasiado • Aislado en la casa y escuela • Expresión limitada del afecto
Impulsividad (Que resulta por estrés, trauma, necesidad sensorial o ADHD)	
• Dificultad para rastrear • No puede atender al cuidador o a un objetó por largo tiempo• Golpearse La Cabeza	• Atención limitada • Se mueve de una actividad a otra demostrando poco interés o atención no prolongada• Golpearse La Cabeza • Reacciones impulsiva • Inhabilidad de enfocarse y tener atención prolongada en la interacción del adulto-niño • Inhabilidad de sostener atención a un juego o tarea por 4 a 7 minutos

32

0 a 2	3 a 5
Carencia de sintonía o cariño con el cuidador	
• No responde al intento del cuidador para calmar cuando esta alterando • No busca consuelo del adulto • Pobre horario para dormir • El cuidador repetidamente desierta las señales del niño • Las respuestas del cuidador hacia las señales del infante son de una manera incongruente de lo que el infante necesita	• Cariño escaso- no explora su mundo con toda seguridad-se reencuentra con el cuidador después de una separación con enojo o despego • Habla o se va con extraños • Ausencia de empatía hacia otros
Ausencia de habilidades sociables para tener relaciones con compañeros	
• Escaso en compromiso común con el cuidador principal (No se espera que los infantes empeñen una relación con compañeros)	• No comparte con compañeros • Toma juguetes de sus compañeros sin preguntar • Comportamientos agresivos con sus compañeros-pega, muerde, patea, jala el pelo, etc. • Decir malas palabras a otros • No sigue instrucciones
Retirado, Desconectado, Aislado	
• Limitado contacto visual • Problemas con el apetito • Escaso de sonrisa social o vitalidad emocional • Dormir de más • Escaso de vocalización • Despacio para sentirse cómodo/dificultad para participar	• Juega solo o no juega para nada • No empeña relación con otros • Afecto desinflado o limitado de expresión • Temeroso a nuevas situaciones • No comparte con el cuidador cuando angustiado

Crear Metas Que Apoyan las Relaciones

Este banco de metas se ha creado para complementar la base de conocimientos clínica del practicante. Los profesionales que utilizan este sistema deben mejorar las sugerencias de la meta bancaria con su juicio clínico y la calidad de la supervisión. Los modelos de la meta bancaria es el mismo diseño que la lista de verificación del síntoma, ordenados de acuerdo el síntoma preocupante entonces subdividido por edad. Para cada síntoma, hay un conjunto de metas sugeridas que no deben ser consideradas con todo incluido. El practicante debe utilizar estos objetivos en relación con la Rúbrica Causal previamente presentada para determinar el mejor ajuste para una diada de tratamiento dado o de la familia. Para determinar el mejor ajuste, un médico debe considerar las influencias de la cultura de la familia, capacidad emocional del cuidador, las necesidades de desarrollo del niño, y las diferencias individuales en la autorregulación y las capacidades socio-emocional del niño. Las metas son un método para mantenerse resultados esperados para el tratamiento de una manera medible. Las metas deben también definir la habilidad o el comportamiento que se espera en un niño para dominar con el fin de mitigar los síntomas problemáticos.

> **Manteniéndolo Simple:** Definición de la meta
>
> Las metas deben definir un síntoma medible y exponer los resultados de la intervención, que será para aumentar un factor de protección o para reducir un factor de riesgo.

METAS PARA DIRIGIR EL COMPORTAMIENTO DISRUPTIVO

0 a 2

* El infante va a reducir los berrinches (gritar, golpearse, tirarse al piso) de 6 veces al día a 1 vez al día

* El infante va incrementar la habilidad de co-regular con la ayuda de un adulto modelo de 1 vez al día a 3 veces al día

METAS PARA DIRIGIR INESTABILIDAD DE ÁNIMO

0 a 2

DEMASIADO REGULADO

* El infante va a reducir llantos excesivos (2 o mas horas por 3 o mas veces al día) de 6 a 2 días

* El infante va a incrementar las respuestas para co-regular del cuidador alternativo de 4 veces por día a 8 veces por día

* El infante va exitosamente señalar al cuidador disponible y que reacciona con entusiasmo para buscar co-regulación de afecto 3 veces al día a 8 veces al día

* Con la ayuda de una rutina estructurada para dormir el infante exitosamente dormirá sin despertar angustiado de un lapso de 3 horas en la noche a un lapso de 5 horas por noche

POCO REGULADO

* El infante va sostener el contacto visual con el cuidador (usando renuencia de mirada apropiada para la edad) de 3 minutos a 10 minutos

* El infante va a señalar al cuidador cuando este angustiado de 0 veces al día a 5 veces al día

* El infante demostrara fluctuaciones en su estado de ánimo que sean apropiados para su edad, evidente con acción de alegría, vocalización juguetona, y breves periodos de retirar contacto para reorganizar y regresar a la interacción, de 2 veces por día a 8 veces al día

3 a 5

- El niño va a reducir incidentes de agresividad (pegar, morder, escupir, y tirar objetos) contra otros en la escuela y en case de 7 veces al día a 4 veces al día

- El niño va a incrementar vocabulario relacionado con emociones y practicara en sesión el uso de lenguaje expresivo para comunicar sentimientos de 0 veces a la semana a 5 veces a la semana

- El niño va a buscar al cuidador, maestro, o terapeuta para asistencia para co-regular cuando hay angustia de 0 veces a la semana a 5 veces a la semanadistressing affect from 0 times a week to 5 times a week.

3 a 5

DEMASIADO REGULADO

- El niño demostrar emociones de edad apropiada evidente por la demostración de atención en conjunto (juego reciproco) con el cuidador de 2 minutos a 10 minutos

- El niño va demostrar éxito emociones de edad apropiada evidente por la habilidad de buscar al cuidador por cariño cuando esta demasiado regulado o abrumado emocionalmente de 2 veces al día a 6 veces al día

- El niño va incrementar el uso de palabras para expresar sus sentimientos y estado de animo a su cuidador de 0 veces al día a 5 veces al día

POCO REGULADO

- El niño va incrementar alegria en el juego reciproco con el cuidador de 0 veces al día a 3 veces al dia

- El niño va expresar alegría compartida de una manera juguetona en actividades compartidas con compañeros y hermanos de 0 veces al día a 3 veces al día

- El niño va hacer uso de tarjetas de emociones para expresar su experiencia afectiva en la clase de 0 veces al dia a 3 veces al día

- El niño va construir un vocabulario de palabras de emociones en la sesión clínica y utilizar una nueva palabra de sentimientos en cada interacción con la familia y compañeros de 0 veces a la semana a 6 veces a la semana

METAS PARA DIRIGIR HABILIDADES ESCASAS DE RELACIONES SOCIALES CON SUS COMPAÑEROS

0 a 2

* El niño va a demostrar la habilidad de sostener cariño con el cuidador e interacciones de felicidad compartida de 1 vece al día a 4 veces al día

* El niño demostrar la habilidad de participar exitosamente en juego paralelo sin pegar o pelear por juguetes con sus compañeros de 2 veces al día a 4 veces al día

* El niño va a reducir pegar le a sus compañeros utilizando un juguete de 5 veces al día

METAS PARA DIRIGIR RETIRAMIENTO, DESCONECTADO, Y AISLAMENTO

0 a 2

* El infante va a incrementar el contacto visual con el cuidador de 2 minutos a 6 minutos, cuando el niño esta en estado de alerta

* El infante va a reducir reflujo de comida con co-regulación cuando apoyado del cuidador de 7 veces al día a 2 veces al día

* El infante va a incrementar vocalizaciones espontáneas de 3 veces al día a 10 veces al día

* El infante va a responder a la mirada del cuidador 0 hermanos con una sonrisa y/o una señal verbal de 2 veces al día a 8 veces al día

3 a 5

- El niño va exitosamente compartir en juegos con compañeros de la misma edad sin demostrar violencia física hacia sus compañeros de 2 veces al día a 6 veces al día

- El niño va a sostener atención en conjunto a un adulto y 2 compañeros sin pegar, morder, y tirar juguetes, de 1 vece al día a 4 veces al día

- El niño va a reducir incidentes de (pegar, morder, gritar, jalar el pelo, o quitar los juguetes) por 7 veces al día a 3 veces al día

- El niño siguiera las instrucciones del adulto a la segunda petición de 0 veces al día a 3 veces al día

3 a 5

- El niño va incrementar interacciones de juego de edad-apropiada con sus compañeros de 0 veces al día a 3 veces al día

- El niño va a participar en atención compartida y actividades juguetonas con el cuidador un intermedio de 10 minutos a 0 veces a la semana a 5 veces a la semana

- El niño demostrara expresión de felicidad por su risa, sonrisa, y vocalización excitada mientras cómprate con compañeros, miembros de la familia, o la terapeuta de 1 vez al día a 5 veces al día

- El niño va exitosamente buscara el apoyo y la co-regulación del cuidador, con estímulos originales o temerosos de 0 veces al día a 3 veces al día

Construyendo Intervenciones para Apoyar las Relaciones

Hay varias actividades en las que un profesional de salud mental puede participar para proporcionar apoyo terapéutico a un niño y sus cuidadores. Las intervenciones deben ser cuidadosamente diseñadas no solo para lograr el objetivo deseado de reducir los síntomas, sino también para tratar la causa de la conducta problemática de su raíz. El campo de especialidad de cada profesional permite analizar la interacción que existe entre los factores causales de la patología, el desarrollo del niño, la cultura de la familia, y las expectativas de los padres, creando así las intervenciones basadas en una comprensión teórica y definir las causas de la raíz de los comportamientos problemáticos. En este texto, hemos introducido al lector al uso de una rúbrica informal diseñada para ayudar a organizar las observaciones clínicas y crear objetivos estructurados. Ahora vamos a vincular esta estrategia con el desarrollo de intervenciones terapéuticas. Al momento de crear intervenciones, debemos ya tener una respuesta satisfecha para la cuarta pregunta en la rúbrica sobre la necesidad médica, por lo cual esta pregunta se omite aquí. Se recuerda al lector de nuestra preguntas rubricas principales para comprender la causa del comportamiento:

1. ¿Es este comportamiento el resultado de un retraso en el desarrollo o limitación constitucional en el niño? (En otras palabras, ¿Puede la raíz del problema estar en el carácter del niño?

2. ¿Es este comportamiento el resultado de una dinámica menos óptima en la relación, y sirve como el mejor esfuerzo del niño en este sistema para obtener sus necesidades? (En otras palabras, ¿Puede la causa de la conducta problemática ser el resultado de una dinámica interpersonal en la relación cuidador-niño?)

3. ¿Es este comportamiento el resultado de estrés intenso en el sistema o un trauma severo? (En otras palabras, ¿puede la razón principal del problema de desarrollo estar vinculado a una condición externa que limita el éxito en el pareja cuidador-niño?)

La primera pregunta no señala hacia la constitución del niño o las causas que dependen del estado interior del niño para comprender los problemas de conducta, mientras que la segunda pregunta define los problemas tomando en cuenta los hechos influenciados por problemas en la relación. Por último, la tercera pregunta describe los comportamientos como resultado principal que causa el ambiente que rodea al niño y su familia. A menudo los síntomas son el resultado de una interacción de factores (por ejemplo, problemas en la constitución del niño que afecta la relación o eventos ambientales que influyen el estado interior del niño). La cuadricula de intervención ofrece una estructura para ayudar al profesional a considerar las mejores intervenciones partiendo de una comprensión más profunda sobre la causa de la conducta problemática.

La cuadricula de intervención proporciona sugerencias de intervenciones en lugar de una lista completa de métodos de tratamiento. El profesional debe tener en cuenta como el mismo comportamiento puede abordarse de manera diferente según la naturaleza y raíz de los síntomas, ya que hay intervenciones para apoyar el crecimiento hacia un desarrollo óptimo. Como se ha advertido anteriormente, estas intervenciones se ofrecen como una guía útil para los profesionales principiantes a medida que estos desarrollan sus habilidades. Siempre consulte con su supervisor inmediato para asegurarse que las intervenciones que se proponen son aceptables bajo la dirección de los fondos de financiación específicos.

RUBICA CAUSAL – PARA APOYAR LAS INTERVENCIONES

1. ¿Es este comportamiento un resultado de un retraso en el desarrollo o una limitación en la constitución del niño?

- ¿Han sido descartados factores fisiológicos?
- ¿Tiene el niño aversiones sensoriales que son significantes?
- ¿El niño muestra estar en la trayectoria en las áreas del desarrollo usual, como-movimientos, lenguaje, autoayuda, y socio-emocional?

Si la respuesta de la pregunta causal #1 es si-Considere Intervención Depende del Estado

2. ¿Tiene este comportamiento el resultado de una relación menos óptima, y sirven como los mejores esfuerzos del niño en este sistema

- ¿El cuidador demuestra respuestas sensibles y en sintonia con las señales del niño?
- ¿Esta el cuidador emocionalmente regulado y es capaz de sostener la autorregulación del niño?
- ¿Cuáles la calidad de la relación de la pareja según la evaluación del Eje II DC: 0-3R?

Si la respuesta de la pregunta causal #2 es si-Considere Intervención Depende de la Relación

3. ¿Es este comportamiento el subproducto de estrés intenso en el sistema o trauma severo?

- ¿Cuál condiciones ambientales que pueden contribuir al estrés de la relación?
- ¿Cuál son las capacidades del cuidador para co-regular al niño en la cara de una condición estresante?
- ¿Este sistema familiar experimenta estrés continuo que no disminuye y por lo tanto alcanza el nivel de trauma?

Si la respuesta de la pregunta causal #3 es si-Considere Intervención Depende del Medio Ambiente

© Stroud 2013

SÍNTOMAS	DEPENDIENTE DEL ESTADO EJ: NIÑO CON PROBLEMAS DE RETRASO EN EL DESARROLLO	DEPENDIENTE DE LA RELACIÓN EJ: INFANTE CON UNA MADRE DEPRIMIDA	DEPENDIENTE DEL MEDIO AMBIENTE EJ: NIÑO CON ABUSO DOMÉSTICO EN CASA
Compartimiento Disruptivo	• El cuidador va apoyar el niño con su capacidad de regular cuando enfrenado con estados afectivos que están abrumados, con el uso de estrategias sensoriales, narración emocional, y co-regulación	• El cuidador va a practicar auto-regulación y mantener el estado de calma cuando enfrentado con el comportamiento del niño que explote agresivamente • Cuando el niño se ponga agresivo el cuidador mantenga la calma y use la estrategia de 3 pasos de apoyo (1) regular al niño (2) narrar los sentimientos (3) redirigir los comportamientos	• El cuidador va incrementar la estructura a través de rutinas diarias, fotos del programa del día, historias con guión cuando apropiado para apoyar las habilidades para auto-regular • El terapeuta va a introducir un termómetro de emociones* y enseñar al niño a monitorear sus estados de ánimo-cuidador va a responder a experiencias afectivas auto-reportadas proporcionando aumento emocional para dar apoyo cuando el niño indique angustia emocional
Inestabilidad de Ánimo	• El cuidador, maestro, y terapeuta proporcionar al niño con palabras, cartas con figuras, lenguaje con señales para comunicar su estado de ánimo y reflexionar los estados de ánimo al niño • El niño va a practicar técnicas de auto-regulación con el cuidador, tal como respiración profunda, apoyo sensorial, uso de botella de enojo* o romper papel	• El cuidador va a ofrecer oportunas y educativas respuestas a las necesidades emocionales del niño que incluyen validación de sus sentimientos y co-regulación para incrementar la capacidad de auto-regulación • El cuidador va a establilizar y mantener oportunidades diarias para el juego dirigido al niño para apoyar el desarrollo socio-emocional y crear incrementos de momentos de felicidad en la relación	• El cuidador va a poner una grafica de sentimientos en casa y narrara sus propios sentimientos al niño durante el día (Ej. "¡Me puedes ayudar a respirar profundo 3 veces? "Mamá esta llorando porque se siente triste y todos no sentimos tristes algunas veces.") • El terapeuta va a asistir al cuidador en crear un Centro de Enojo* en la casa para asistir al niño a descargar afecto negativo • El terapeuta va a asistir al cuidador en crear un Centro de Relajación* en la casa para asistir al niño en construir estrategias de auto-consuelo
Respuestas Impulsivas	• La terapeuta, cuidador y el niño van a jugar juegos de detenerse y moverse tal como juego de moverse en cámara lenta o juego de congelación*, para poder enseñar habilidades para conseguir respuestas impulsivas de una manera lenta • Con el apoyo del cuidador y maestro, el niño practicara contara a 3 antes de preguntar una pregunta al adultoquestion of an adult	• El cuidador va a preparar al niño con nuevas actividades con explicar los próximos eventos diarios (Ej. ir al mercado o visitar a un amigo), el cuidador va a dar una idea general del comportamientos esperado para el evento y proporcionara al niño con juegos y tareas de edad-apropiada si el niño esta distraido	• El cuidador va a poner un horario visual en la rutina por la mañana para que el niño pueda auto-monitorear • TEl maestro y el cuidador van a poner un cartel con recordatorios de las siguientes palabras (Alto, Mira, Escucha) para recordar al niño que reduzca sus respuestas impulsivas, que mire a otros para direcciones, y escuche la reacción de los adultos

© Stroud 2016

SÍNTOMAS	DEPENDIENTE DEL ESTADO *EJ: NIÑO CON PROBLEMAS DE RETRASO EN EL DESARROLLO*	DEPENDIENTE DE LA RELACIÓN *EJ: INFANTE CON UNA MADRE DEPRIMIDA*	ENVIRONMENT DEPENDENT *EJ: NIÑO CON ABUSO DOMÉSTICO EN CASA*
Poca Sintonía	• El cuidador va a incrementar el procesamiento en la ventana de alerta del niño según los momentos de enfoque de atención con el reflejo del afecto del niño • El cuidador va a ofrecer actividades de juego que incrementan el contacto visual y crean más oportunidades para contacto visual	• El cuidador va a incrementar la habilidad de notar y responder a las señales usando contacto, tono de voz, y proximidad • El terapeuta va a entrenar al cuidador en el reflejo de vocalización del niño para apoyar el lazo de apego	• La terapeuta va a asistir al cuidador en crear oportunidades durante el día con juego estructurado tal como-juegos sensoriales, "peek-a-boo", hora de cosquillas, o cualquier interacción que incremente compromiso social
Habilidades Sociales con Compañeros	• La terapeuta va a apoyar al niño a construir habilidades para leer señales sociales de otros • El niño va a hacer uso de la pelota de presión cuando agitado y usar la pelota de presión para reducir le uso de lenguaje grosero, pegar le a otros, y quitar le los juguetes a sus compañeros	• El terapeuta va a construir habilidades para narrar los eventos que el niño está experimentar durante interacción con sus compañeros (Ej: "¿Juanito quieres jugar con Susana? Preguntar le a Susana que si quiere jugar pelota. ¿Eres vergonzosa? Mamá te puede ayudar.") • El cuidador, maestro, y terapeuta va construir para el niño la comprensión de causa y efecto en la relación con las interacciones con sus compañeros, (Ej: "Nancy no va a jugar con contigo si tomas su juguete sin pedirselo. "Es amable compartir, compartir es como le demuestras a otros cariño.")	• El cuidador va a publicar las reglas para comportamiento interpersonal en casa (no pegamos y usamos palabras bonitas con otros) • El cuidador va a a planear oportunidades a sus compañeros durante interacciones de juego, proporcionar supervisión, y ofrecer narración continua como el niño construye habilidades estabilizadas
Retirado o Desconectado	• El cuidador va a responder a las señales sociales del niño con alta animación y con expresión afectiva que sea elevada • La terapeuta y el cuidador van a reflejar el afecto de una manera exagerada para incrementar la emoción responsiva de las señales sociales del niño	• El cuidador va a incrementar la frecuencia y intensidad de sus respuestas hacia las señales de compromiso a través del tacto, tono de voz, y proximidad • El cuidador va a estabilizar y mantener oportunidades diarias para el niño dirigiendo el juego para apoyar el desarrollo socio-emocional y crear incrementos de momentos de felicidad entré la relacióned	• El cuidador va a llevar al niño al parque y incrementar oportunidades para compañero-a-compañero interacciones • El cuidador va conectar al niño a actividades recreativas de edad-apropiada y asequible (fútbol, clases de arte, baile, etc.)

© Stroud 2016

Consideraciones en la Planificación del Tratamiento

Con el fin de crear un plan de tratamiento detallado y completo, los profesionales pueden comenzar identificando lo que esta funcionado bien. Al observar a la pareja cuidador-niño, mire en donde hay éxito dentro de la relación. ¿Cuáles son las fortalezas del cuidador y el niño? El conocer las capacidades del desarrollo de cada miembro de la pareja, así como sus fortalezas, le da al profesional un punto de partida para la intervención. Utilice lo que los cuidadores sepan hacer bien para crear tarimas nuevas de habilidades y talento.

En este momento, haremos una lista de áreas que comúnmente producen dificultades tempranas en la relación cuidador-niño. Una vez que haya una comprensión de estos dominios, se podrá hacer sugerencias de tratamiento. Una vez más, precaución: Estas sugerencias tienen el propósito de apoyar el aprendizaje del lector.

Cuando el deterioro dentro de la relación existe por razones de algún retraso en el desarrollo social y emocional del niño, el plan de tratamiento debe ayudar al cuidador a apoyar al niño a alcanzar las metas sociales y emocionales apropiadas para su edad. Las estrategias pueden incluir:

- Usar los hitos social-emocionales de Greenspan (2007) como guía para evaluar y mejorar las habilidades sociales y emocionales que un niño debe expresar.

- Usar el juego come espacio donde el niño pueda practicar y alcanzar cada paso o tarima dentro del desarrollo y ámbito social-emocional.

- Educar al cuidador sobre la importancia del desarrollo social-emocional en relación con la cognición y el aprendizaje.

Cuando hay un obstáculo en el funcionamiento óptimo de la pareja cuidador-niño debido a una interrupción en el sistema de vínculos emocionales, el tratamiento puede enfocarse en fortalecer los vínculos emocionales entre el cuidador y el niño. Las estrategias pueden incluir:

- Aumentar la capacidad del cuidador para responder adecuadamente a su niño

- Incrementar la capacidad del cuidador para leer con precisión las señales de comunicación del bebe

- Ayudar al cuidador a crear un tono eq

- Aumentar las respuestas de afecto de dadas y recibidas entre el cuidador y niño

- Aumentar las interacciones amorosas y alegres en cuidador y niño

- Ayudar a organizar una rutina diaria que genere previsibilidad para el cuidador

A veces, el éxito en el desarrollo del niño se ve afectado por limitaciones en el cuidador por razones de estrés, problemas de salud mental o asuntos en la recuperación del uso de droga u otras sustancias. En aquellos casos en que las habilidades del cuidador estén en riesgo o a un nivel bajo, el enfoque de tratamiento puede incrementar las habilidades y confianza del cuidador en su papel como madre o padre. Las estrategias pueden incluir:

- La aplicación de un enfoque en las fortalezas del cuidador

- La participación en actividades que desarrollan las habilidades de crianza del cuidador

- La exploración de experiencias de crianza en la vida del cuidador

- El aumento de respuestas adecuadas y "en tono" de parte del cuidador al responder a las necesidades emocionales del niño

- El aumento de capacidad por parte del cuidador para reflejar la experiencia del niño

- Alargar los momentos de alegría dentro de la relación cuidador-niño

Por último, las condiciones estresantes en el ambiente de la familia, así come la violencia en el hogar, el estrés crónico, la pobreza, la marginación social o la perdida pueden obstruir el desarrollo óptimo de un niño. Cuando estos problemas existen, los profesionales deben incorporar estrategias para disminuir este estrés externo, aumentar la estabilidad dentro del medio ambiente, y conectar a las familias a sus redes de apoyo. Las estrategias pueden incluir:

- Aumentar las rutinas familiares y rituales diarias
- Conectar a las familias a sus centros de apoyo
- Aumentar las estrategias de manejo afectivo para todos los miembros de la familia

Factores de Protección

En cualquier momento dentro de la relación que el profesional tiene con un sistema familiar, este puede enfatizar en el tratamiento el aumento de los factores de protección en la familia. Esto puede ser valioso ya que los factores de protección sirven para mitigar los factores de riesgo y fortalecer los sistemas de apoyo internos o externos de una familia. Las habilidades internas que pueden servir como factores de protección incluyen la autorregulación, las conexiones o vínculos emocionales y seguros de apego, la capacidad de comprensión empática, la salud física adecuada y el desarrollo social-emocional adecuado. Los factores de protección externos pueden incluir una escuela preescolar o guardería de alta calidad, seguridad física y emocional en el hogar, acceso a las actividades recreativas o de ocio adecuada para cada edad, los sistemas de apoyo social (por ejemplo, familia, amigos, clubes o grupos), y la participación en comunidades de fe, o grupos culturales de apoyo. Al tener en cuenta los factores de protección en la planificación del tratamiento, podemos crear enlaces a recursos y redes comunitarias que pueden sostener el bienestar mental y apoyar a una familia mucho más allá del periodo de intervención del tratamiento prescrito.

Siempre recuerde que la herramienta de intervención primaria y más importante de un profesional es la relación. Para mantener sus cajas de herramientas bien equipadas, los profesionales deben participar en la supervisión reflexiva para su beneficio propio y el de los niños y familias con los que trabajan. Los niños pequeños necesitan que sus cuidadores apoyen a su desarrollo óptimo. Los cuidadores a menudo necesitan que los profesionales les ofrezcan apoyo y orientación en sus esfuerzos para satisfacer las necesidades emocionales de sus hijos. Los profesionales también necesitan apoyo y lo pueden recibir a través de supervisores quienes están emocionalmente disponibles para ayudarlos a mantener el enfoque en los resultados óptimos para cada familia, tomando en cuenta la cultura y los valores personales de la familia. El mayor regalo que podemos dar a los niños y sus familias es la autosuficiencia para crear su propio éxito.

Buena suerte en su viaje profesional.

Glosario

Botella de Enojo-

Una botella de enojo se puede hacer en casa o durante la sesión de terapia con una botella plástica vacía de seis a ocho gramos. En la botella, añada agua (hasta que la botella este llena), colorante rojo, y una pequeña cantidad de jabón para lavar platos. A continuación, fije la parte superior de la botella con un adhesivo fuerte. El frasco de enojo puede ser sacudido en un momento de angustia para ayudar a un niño a calmarse.

Centro de Enojo-

Un centro de enojo se puede crear en el hogar o en la escuela para apoyar la capacidad del niño para autorregularse o calmarse cuando sea necesario. En el centro de enojo, se colocan actividades que apoyen al niño a calmarse y que esté disponible para su uso, a petición del niño o por sugerencia del adulto. Objetos que se podrían incluir son una botella de enojo, plastilina para aplastar, papel para dibujar o despedazar, animales de peluche para abrazar o lanzar de una forma segura, y pelotas suaves para tirar o apretar con seguridad.

Termómetro de Sentimientos-

Un termómetro de sentimientos se puede hacer o encontrar en la Internet. Utilizando el indicador mayor como símbolo de máxima angustia o estrés, y umbral más bajo para indicar estados de relajación y alerta, este dibujo permite que los niños que son capaces de lenguaje simbólico puedan comunicar su nivel de angustia. Los maestros, cuidadores y terapeutas pueden incentivar al niño a usar el termómetro para determinar su nivel de estrés y controlar sus estados afectivos internos.

Juego Congelado-

El juego congelado es un juego de parar y estar en acción. En esta actividad, la terapeuta, maestro o cuidador puede utilizar música o una campana para señalar la interrupción de una acción. Los niños pueden bailar y deben quedarse rígidos cuando la música se detiene, o deben quedarse congelados cuando el profesor dice "congelados". También se les puede pedir a los niños que caminen como un animal, el maestro luego suena la campana y todos se quedan rígidos, y después caminan como un nuevo animal.

Centro de Relajación-

Un centro de relajación es un área designada dentro de la casa o clase donde los niños pueden usar estrategias para relajarse o consolarse a sí mismos. Las estrategias de relajación disponibles deben ser específicas para las necesidades del niño o de la constitución de la clase. Las actividades de relajación pueden incluir bolsas de frijoles o grandes cojines para relajarse y acurrucarse, pelotas suaves para apretar, burbujas de jabón para soplar, palos de lluvia, y una botella de relajación (similar a la botella de enojo pero mezclando el agua con colorantes de alimentos, brillo, y aceite u otro liquido de movimiento lento).

Juego de Movimiento Lento-

En el juego de movimiento lento, la terapeuta o cuidador involucran al niño en un juego en que todos los participantes deben moverse lentamente por el cuarto y darse una palmada suave en el hombro.

Referencias

Ainsworth, M. D. S. (1979). Infant-mother attachment. *American Psychologist, 34(10)*, 392–397. doi:10.1037/00003-06x.34.10.932.

Alink, L. R. A., Cicchetti, D., Kim, J., & Rogosch, F. A. (2009). Mediating and moderation process in the relation between maltreatment and psychopathology: Mother-child relationship quality and emotion regulation. *Abnormal Child Psychology, 37(6)*, 831–843. doi:10.1007/s10802-009-9314-4.

Bowlby, J. (1958). The nature of the child's tie to his mother. *International Journal of Psychoanalysis, 39*, 350–373.

Bowlby, J. (1980). *Attachment and loss: Vol. 3. Sadness and depression.* New York: Basic Books.

Brazelton, T. B. (1992). *Touchpoints: Your child's emotional and behavioral development.* Reading, Massachusetts: Perseus Books.

Fonagy, P., Gergely, G., Jurist, E. L., & Target, M. (2004). *Affect regulation mentalization, and the development of the self.* London: Karnac Ltd.

Fraiberg, S., Adelson, E., & Shapiro, V. (1975). Ghosts in the nursery: a psychoanalytic approach to the problems of impaired infant-mother relationships. *Journal of the American Academy of Child Psychiatry, 14*, 387–402.

Freud, A. (1946). *The ego and the mechanisms of defense.* New York: International Universities Press.

Gergely, G., & Watson, J. (1996). The social biofeedback theory of parental affect-mirroring: The development of emotional self-awareness and self-control in infancy. *International Journal of Psycho-Analysis, 77,* 1181–1211.

Greenspan, S. (2007). Six developmental stages. Retrieved from http://www.icdl.com/dirFloortime/overview/SixDevelopmentalMil estones.shtml.

Hane, A. A., & Fox, N. A. (2006). Ordinary variations in maternal caregiving influence human infants' stress reactivity. *Psychological Science, 17(6),* 550–556.

Klein, M. (1932). *The psycho-analysis of children.* London: Hogarth Press. Retrieved from http://www.pep-web.org/document.php?id=ipl.022.0001a&PHPSESSID =qo92 uopitioc6ccioosku2mc30.

Kochanska, G., Philibert, R. A., & Barry, R. A. (2009). Interplay of genes and early mother-child relationship in the development of self-regulation from toddler to preschool age. *Journal of Child Psychology and Psychiatry, 50(11),* 1331–1338. doi:10.1111/j.1469-7610.2008.02050.x.

Lillas, C., & Turnbull, J. (2009). *Infant/child mental health, early intervention, and relationship-based therapies: A neurorelational framework for interdisciplinary practice.* New York: W.W. Norton & Co., Inc.

Perry, B. (2001). Bonding and attachment in maltreated children: Consequences of emotional neglect in childhood. Retrieved from http://www.childtrauma.org/images/stories/Articles/attcar4_03_ v2_r.pdf.

Schore, A. N. (1994). *Affect regulation and the origin of the self: The neurobiology of emotional development.* Mahwah NJ: Erlbaum.

Schore, A. N. (2001). Effects of a secure attachment relationship on right brain development, affect regulation, and infant mental health. *Infant Mental Health Journal, 22(1–2),* 7–66.

Siegel, D. (1999). *The developing mind: How relationships and the brain interact to shape who we are.* New York: Guilford Press.

Thomas, A., & Chess, S. (1977). *Temperament and development.* Oxford England: Brunner/Mazel.

Werner, E. E., & Smith, R. S. (1992). *Overcoming the odds: High risk children from birth to adulthood.* New York: Cornell University Press.

ZERO TO THREE. (2005). *Diagnostic classification: 0–3R: Diagnostic classification of mental health and developmental disorders of infancy and early childhood* (Rev. ed.). Washington, DC: Zero to Three Press.

Sobre El Autor

La Dr. Barbara Stroud es una licenciada en psicología que actualmente vive en California. Ella es un miembro de la Academia de Cero a Tres y es endorsada como una Especialista Mental de la Primera Infancia y Mentor Facilitador Reflexivo (Por el Centro de California para bebe-familia y Salud Mental temprana de la Infancia). La Dr. Stroud ha proporcionado numerosos entrenamientos a nivel nacional. Algunos de los contactos de entrenamiento de la Dr. Stroud encluyen: Los Angeles County Department of Mental Health, Santa Clara First Five, California Child Care Resources and Referral Network, ZERO TO THREE's Military Families Project, WestEd, San Bernardino County, Cal State Long Beach, y Cal State Northridge. Su pasión por las necesidades de los niños y familias vulnerables es evidente en su trabajo personal y profesional. A lo largo de su carrera, la Dr. Stroud se ha esforzado a motivar y mejorar los modelos de prestación de servicios para los profesionales de salud mental, al igual que a los niños y sus familias. Basado sobre esta filosofía, Como Medir una Relación ha sido diseñado para apoyar y mejorar la capacidad profesional de los proveedores que trabajan con la populación de nacimiento hasta los cinco años.